DIE REIHE
Archivbilder

NEUKÖLLN

ALTE BILDER ERZÄHLEN

Teilansicht vom Hermannplatz in Neukölln. Obwohl das Gebäude des Warenhauses Karstadt am Hermannplatz bereits auf der Kreuzberger Seite steht, gilt bei den Berlinern dieser Platz als das Tor zum Stadtbezirk Neukölln. Das Schild stand über einem der Eingänge zur U-Bahn. Die große Attraktion war die Tatsache, daß die Kunden von zwei verschiedenen U-Bahnlinien aus – wie auch heute – einen unterirdischen Zugang zum Warenhaus hatten. Dieses wurde am 21. Juni 1929 mit 37.000 m^2 Verkaufsfläche als eines der größten Warenhäuser Europas eröffnet. Das Haus im Hintergrund mit der seinerzeit weit verbreiteten JUNO-Reklame („Aus gutem Grund ist JUNO rund") steht bereits an der Straße Hasenheide. Dieses Bild ist Anfang der dreißiger Jahre entstanden.

DIE REIHE
Archivbilder

NEUKÖLLN

ALTE BILDER ERZÄHLEN

Falk-Rüdiger Wünsch

SUTTON
VERLAG

Die Berliner Straße in Rixdorf, abgebildet auf einer Postkarte aus dem Jahre 1909. Drei Jahre später wurde Rixdorf per kaiserlicher Kabinettsorder in Neukölln umbenannt. Auch die Berliner Straße wurde am 31. Juli 1947 umbenannt und heißt seit dem Karl-Marx-Straße; sie ist ebenfalls untrennbar mit dem Namen Neuköllns verbunden. Hier blicken wir in den südlichen Straßenabschnitt mit der Hauptpost im Mittelgrund. Dieses Gebäude ist bis auf das kleine Türmchen sowie den Haupteingang bis heute als Post erhalten geblieben. Die kleinen Gebäude zwischen Post und Wohnhaus sind verschwunden; hier zweigt die Anzengruberstraße ab. Ganz im Vordergrund rechts (Straßenlaterne) biegt die Neckarstraße ab, die ihren Namen am 17. Oktober 1902 erhielt; bis dahin war sie die Straße Nr. 209.

Sutton Verlag GmbH
Hochheimer Straße 59
99094 Erfurt
www.suttonverlag.de

11. Auflage

ISBN 978-3-89702-096-2

Druck: Florjančič Tisk d.o.o. / Slowenien

Inhaltsverzeichnis

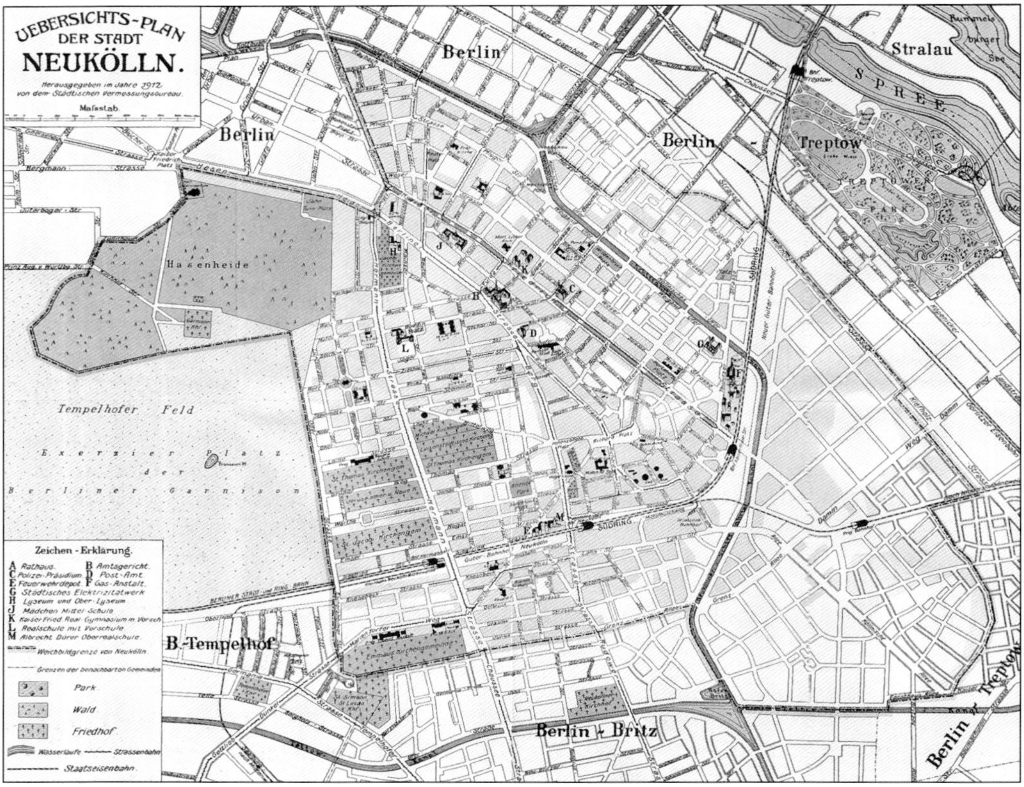

Stadtplan des Magistrats von 1912. Die Ortsteile Buckow und Rudow sind hier nicht eingezeichnet.

Danksagungen

An dieser Stelle danke ich allen großzügigen Leihgebern, die mir ihre privaten Bilder und Fotografien überließen, damit dieser Bildband zustande kommen konnte. Besonders Herrn Manfred Motel vom „Förderkreis Böhmisches Dorf“, der mir aus einem reichhaltigen Angebot fast 70 Bilder zur Verwendung im Kapitel „Zu Besuch im Böhmischen Dorf“ zur Verfügung stellte.

Weitere Privatsammlungen: Familie Gedan-Gollnick, Familie Hoeck, Manfred Musiol, Familie Schöne; alle aus Berlin-Neukölln.

Großer Dank geht auch an die freundlichen und besonders geduldigen Mitarbeiter vom Heimatmuseum Neukölln und an den Fotografen Friedhelm Hoffmann.

Folgenden Firmen und Institutionen sei ebenfalls gedankt: Berliner Kindl, Chronos-Film GmbH, Museum für Post und Kommunikation, Karstadt AG.

Für die Korrekturen und weiterführenden Hinweise danke ich Frau Anita Wünsch sowie Herrn Oliver Wurl.

Einleitung

Einst wurde Rixdorf als „größtes Industriedorf" Preußens bezeichnet. Zu dieser Zeit – am 1. April 1899 – erhielt Rixdorf mit 80.000 Einwohnern Stadtrechte und galt somit als Großstadt. 1912 wurde Rixdorf in Neukölln umbenannt, weil den Stadtvätern das dörfliche Image einer aufstrebenden Großstadt nicht mehr angemessen erschien. 1920, durch die Gründung von Groß-Berlin, entstand aus der Stadt Neukölln und den Dörfern Britz, Buckow und Rudow der 14. Verwaltungsbezirk.

Die erste urkundliche Erwähnung stammt aus dem Jahre 1360. Am 26. Juni diesen Jahres erfolgte die Gründung von Richardsdorf durch Umwandlung eines dem Johanniterorden (vorher die Templer) gehörenden Gutsbezirkes in ein Dorf, das 14 Familien mit insgesamt 100 Angehörigen Platz bot. Der seinerzeit umgewandelte Hof Richardsdorf, auch Richardsdorp genannt, hatte als Dorf wahrscheinlich schon früher einmal existiert.

Im Jahre 1693 wurde die bisher von Tempelhof aus verwaltete Richardsdorfer Kirche Tochtergemeinde der Britzer Pfarrei. Nachdem sich im Jahre 1709 Berlin und Cölln vereinigt hatten, wurde Richardsdorf unter die Verwaltung des Magistrats der neuen Gesamtgemeinde gestellt, was jedoch für das Dorf keine direkten Folgen hatte.

Ein großer Einschnitt in der Geschichte des Dorfes fand im Jahre 1737 statt. In diesem Jahr ließen sich hier mit Unterstützung Friedrich Wilhelms I. (1688–1740, ab 1713 König) böhmische Glaubensflüchtlinge nieder, die aufgrund ihres evangelischen Glaubens in ihrer Heimat verfolgt wurden. Mit dem Einzug der Böhmen in Rieksdorf, wie ein Lageplan aus dem Jahre 1738 den Ort nennt, war das Böhmische Dorf geboren. Der Name Rixdorf, eine Abwandlung von Richardsdorp, wurde erst 1797 amtlich eingeführt. Das alte Richardsdorf hieß nun Deutsch-Rixdorf, um es von Böhmisch-Rixdorf zu unterscheiden.

Im Jahre 1747 bildeten sich drei evangelische Kirchengemeinden böhmischer Herkunft: die böhmisch-lutherische Betlehemsgemeinde, die böhmisch-reformierte Betlehemsgemeinde und die Brüdergemeine Deutsch-Rixdorf und Böhmisch-Rixdorf bildeten weiterhin getrennte Gemeinden mit jeweils eigener Verwaltung. Im Jahre 1873 verfügte ein königlicher Erlaß die Vereinigung von Deutsch- und Böhmisch-Rixdorf, die zum 1. Januar 1874 erfolgte.

1849 standen beide Dörfer in Flammen; binnen weniger Stunden wurden 52 Wohnhäuser, 28 Scheunen und 74 Ställe in Schutt und Asche gelegt. Die Dörfer wurden mit nunmehr massiven Häusern, die eine Ziegelbedachung erhielten, wieder aufgebaut.

Die stürmische Entwicklung der Groß- und Industriestadt spiegelt sich auch in den Einwohnerzahlen wider: In den 36 Jahren zwischen 1871 und 1907 wuchs die Bevölkerung von etwas über 8.000 Einwohnern auf 175.008 – ohne die Ortsteile Britz, Buckow und Rudow. Im Jahre 1902 war Rixdorf in die Reihe der deutschen Großstädte eingetreten: die Bevölkerungszahl hatte die 100.000 überschritten. Ein Jahr später erhielten die Rixdorfer ihr eigenes Stadtwappen. 1912 betrug die Zahl der Einwohner bereits 253.000.

Nach dem Ersten Weltkrieg wurde am 9. November 1918 auf dem Neuköllner Rathaus die Rote Fahne gehißt. Ein Arbeiter- und Soldatenrat übernahm die vollziehende Gewalt. Am 17. Januar 1919 schickte die preußische Regierung eine Infanteriedivision nach Neukölln; zwei Monate später war der Arbeiter- und Soldatenrat aufgelöst.

In den letzten Jahren des Zweiten Weltkrieges kamen viele Bürger bei Luftangriffen ums Leben. Das Ausmaß der Zerstörungen war jedoch weniger groß als in anderen Berliner Bezirken. Von den Wohnbauten wurden sieben Prozent vernichtet, zwölf davon schwer beschädigt. Ende

April 1945 besetzten Truppen der Roten Armee den Bezirk, drei Monate später räumte die sowjetische Besatzung Neukölln, um den Amerikanern Platz zu machen. Neukölln wurde Teil des amerikanischen Sektors.

Mit der wachsenden Bevölkerungszahl entstanden als Arbeiterunterkünfte zahlreiche Mietskasernen, deren berüchtigtste die 1971 abgerissene „Richardsburg" mit fünf Hinterhöfen in der Richardstraße 35 wurde. Auch das ab 1875 entstandene Mietskasernenviertel im Neuköllner Kernbereich, an den Rollbergen zwischen der Hermann- und der Karl-Marx-Straße, ist heute fast vollständig verschwunden.

Die Bebauungsstruktur ist klar gegliedert: Im Norden erstreckt sich der dichte Altbaubereich, dessen Gestaltung, einschließlich der öffentlichen Bauten, im wesentlichen zwischen 1904 und 1912 durch den Rixdorfer Stadtbaurat Reinhold Kiehl erfolgte. Südlich des Teltowkanals in Britz entstand eine aufgelockerte Bebauung. In den zwanziger Jahren schufen hier der Stadtbaurat Martin Wagner und der Architekt Bruno Taut die Fritz-Reuter-Stadt, besser bekannt unter dem Namen Hufeisensiedlung. Diese ist ein international beachtetes Beispiel für einen gestalterisch anspruchsvollen und sozial verpflichteten Wohnungsbau. In den fünfziger Jahren entstand südlich davon in Britz-Süd eine der ersten Neubausiedlungen Berlins nach dem Zweiten Weltkrieg. An diese schließt sich wiederum die ab 1963 errichtete Großsiedlung Berlin-Buckow-Rudow (Gropiusstadt) an. Rudow sowie der westliche Teil von Buckow sind weitgehend durch Einfamilienhaussiedlungen geprägt.

Im jungen West-Berlin war Neukölln einer der bedeutenden Industriestandorte mit allein 168 mittleren und großen Betrieben des verarbeitenden Gewerbes. Diese sind zumeist in der Nähe der traditionellen Transportwege (Eisenbahn und Wasserstraße) angesiedelt. So befinden sich die größten Gewerbeflächen im Bereich des Ober- und Unterhafens sowie des Hafens Britz-Ost zwischen dem Britzer Zweigkanal und dem Neuköllner Schiffahrtskanal. Weitere Industrieansiedlungen liegen entlang dem Teltowkanal, am Hafen Britz-West, im Bereich der Gradestraße sowie zwischen den Häfen Rudow-West und Rudow-Ost (an der südöstlichen Bezirksgrenze). Wichtige Industriebetriebe sind auch heute noch tätig, z.B. die Berliner Kindl Brauerei AG, Eternit AG, Geyer-Kopierwerke, Philip Morris und diverse Kaffeeröstereien, um nur einige zu nennen.

Neukölln verfügt zwar nicht über zusammenhängende Waldgebiete, hat dafür aber die größte Anzahl an Grün- und Erholungsflächen aller Berliner Bezirke. Dies ist unter anderem den vielen ausgedehnten Kleingartenanlagen in Britz und Rudow sowie dem Volkspark Hasenheide im Norden des Bezirks zuzuschreiben. Eine weitere grüne Oase stellt der anläßlich der Bundesgartenschau 1985 entstandene Britzer Garten am Massiner Weg dar. Ebenso gibt es auf der Hochfläche des Teltow zahlreiche eiszeitliche Pfuhle, von denen einige als ökologisch wertvolle Biotope unter Naturschutz stehen. Eine bedeutende künstlerische Gartenanlage ist der Körnerpark zwischen Schierker- und Nogatstraße. Dieses Ensemble mit Orangerie, großen Freitreppen und Wasserspielen wird häufig als „Preußens Arkadien in Neukölln" bezeichnet. Der ehemalige Gutspark Britz mit dem dazugehörigen Gutshaus Schloß Britz wurde nach gartendenkmalpflegerischen Gesichtspunkten wiederhergestellt.

Entsprechend seiner Lage durchziehen die wichtigsten Straßen den Bezirk von Nord nach Süd. Dem Hermannplatz im Norden, unter dem sich zwei U-Bahnlinien kreuzen, kommt eine Knoten- bzw. Verteilerfunktion zu. Besonders hervorzuheben sind die Einkaufsstraßen Sonnenallee, Karl-Marx-Straße und Hermannstraße mit ihren jeweiligen Verlängerungen.

Auch sonst ist Neukölln für den öffentlichen Personennahverkehr gut erschlossen; so befinden sich im Bezirksgebiet neben verschiedenen Buslinien 16 U-Bahnstationen. Im Dezember 1993 wurde der Südring der S-Bahn, der für Neukölln einen großen verkehrstechnischen Gewinn brachte, wieder eröffnet. Im Dezember 1997 wurde mit der Wiedereröffnung des S-Bahnhofes Sonnenallee die Verbindung zum Ostring wiederhergestellt; damit hat der Bezirk vier S-Bahnhöfe.

Neukölln erstreckt sich vom Innenstadtbezirk Kreuzberg im Norden bis an die südliche Stadtgrenze. Im Westen grenzt der Bezirk an Tempelhof, im Osten an Treptow. In der Zeit der Spaltung bildete die Grenze zu Treptow gleichzeitig die Grenze zum Ostsektor der Stadt.

1

Rund um Hermannplatz und Hasenheide

Blick von der Hermannstraße auf den Hermannplatz um 1900. Rechts die seinerzeit bekannte Gastwirtschaft „Rollkrug" in der Hermannstraße 258/Ecke Berliner Straße, der heutigen Karl-Marx-Straße. Der Name dieser Wirtschaft erinnerte an die Rollberge, die sich einst vom Hermannplatz bis etwa zur Ringbahn erstreckten und stellenweise eine Höhe von 15 Metern erreichten. Das historische Gasthaus „Der Rollkrug" wurde bereits von Fidicin erwähnt. Das Gebäude dahinter ist bis heute im wesentlichen erhalten geblieben. Das komplette Häuserensemble an der linken Seite wurde Mitte der zwanziger Jahre abgerissen, um einem großen Warenhaus Platz zu machen.

Die entgegengesetzte Blickrichtung, vom Hermannplatz kommend; geradeaus die Hermannstraße. Rechts geht es in die Straße Hasenheide, links in die Berliner Straße, der heutigen Karl-Marx-Straße. Etwa um 1900.

Rummel am Hermannplatz. Der Arbeiterfotograf Ernst Thormann aus Neukölln hielt diese Szene im Jahre 1928 fest. Sie zeigt Ringer vor der Schaubude.

Der Hermannplatz Ende der fünfziger Jahre. Blick von der Straße Hasenheide/Ecke Hermannstraße über den Platz bis zur Sonnenallee. Die Straßenbahnlinie 3 im Vordergrud biegt in die Hasenheide ein. Die Strecke der Linie 3 führte seinerzeit vom Hermannplatz bis zur Osloer/ Ecke Grüntaler Straße im Bezirk Wedding. Der Flachbau links gehört zum Warenhaus Karstadt, welches sich bereits in Kreuzberg befindet.

Hier eine Aufnahme zu Beginn der dreißiger Jahre. Dies ist einer der legendären Fußgängertunnel, der vom U-Bahnhof Hermannplatz in das Warenhaus Karstadt führt. Die beiden heute noch existierenden Tunnel sollen wieder in ihren Originalzustand versetzt werden.

Ganz korrekt ist die Bildunterschrift auf diesem Foto nicht; während der Volkspark Hasenheide eindeutig im Bezirk Neukölln liegt, befindet sich der hier abgebildete Abschnitt der Straße Hasenheide postalisch gesehen bereits im Bezirk Kreuzberg. Dennoch ist diese Aufnahme interessant, weil an dem Haus (Nr. 13) am linken Bildrand der Eingang des Kinos „Primus Palast" zu erkennen ist. In den siebziger Jahren wurden diese Räumlichkeiten zur Großraumdiskothek „Cheetah" umgestaltet, später wurde daraus „Joe's an der Hasenheide", wiederum später der „Pleasure Dome".

Erwartungsvolles Publikum im „Union Filmtheater", bekannt auch unter „U. T.", in der Hasenheide etwa im Jahr 1912.

Einweihungsfeier der Freilichtbühne Volkspark Hasenheide (andere Namen: Naturtheater Volkspark Hasenheide, Freilichtbühne im Jahnpark) am 12. Juni 1954. Auf der Bühne: der Erksche Chor mit Dirgent Schumann. An dieser Stelle befindet sich heute das Freiluftkino Hasenheide, das in den Sommermonaten täglich wechselnde Filme zeigt.

Der Jahn-Sportplatz mit Planschbecken am Columbiadamm 192–204, um 1930. Dieser ist nicht mit dem Sommerbad Neukölln zu verwechseln, das sich am Columbiadamm 160 befindet.

Einweihung und Enthüllung des Denkmals der Trümmerfrau durch Louise Schröder auf der Rixdorfer Höhe im Volkspark Hasenheide am 30. April 1955. Im Hintergrund sind die Kirchtürme der Johannes-Basilika sowie der Kirche am Südstern sichtbar. Die Dame im gepunkteten Kleid im Vordergrund ist Katharina Singer, die Schöpferin dieses Standbildes.

Einige Jahre später, im Juli 1962. Zwei Generationen vor dem Standbild der Trümmerfrau. Dieses Denkmal, das an die Jahre des Wiederaufbau Berlins erinnert, entstand im Rahmen eines speziellen Künstlerförderprogramms. Später wurde das Monument innerhalb des Parks versetzt und steht heute am Weg zwschen dem Tiergehege und der Lilienthalstraße.

Nach dem Zweiten Weltkrieg war die Wohnungsnot der Berliner groß. Hier sehen wir notdürftig untergebrachte Menschen auf einer freien Fläche in der Karlsgartenstraße; im Hintergrund die Häuser der Nummern 15 (rechts) und 16 (links). Dieses Grundstück Karlgartenstraße 6-11, auf dem die Wohn- und Bauwagen stehen, war lange Zeit Eigentum der Bergschloßbrauerei AG und später im Besitz der Löwenbrauerei-Böhmisches Brauhaus. Bereits 1891 wurde hier ein Sommergarten errichtet, später kamen Waldschänke und Rummelplatz hinzu. Es entstand eine Vergnügungsstätte, die als Konkurrenz zum Rummel an der Hasenheide angesehen wurde. Heute ist dieses Grundstück komplett bebaut: Hier befinden sich nun die Karlsgarten-Grundschule sowie die Kurt-Löwenstein-Oberschule (Hausnummer 6-7).

Im Jahre 1912 sah es so im Karlsgarten aus: Gebäude für etwa 700 Personen mit Theater, Tanzsaal, Vereinszimmer und Kegelbahnen. Ebenso gab es einen Sommergarten mit Verkaufs- und Spielbuden, Leinwandzelte und eine Konzert- und Sommerbühne. Im hinteren Teil des Restaurantgartens befand sich die Karls-Kiste, die Neuköllner Artistenvereinen als Probestätte diente.

Ein Blick in den Saal des Etablissements Karlsgarten: „Herrlich am Wald gelegen". Um 1905 waren O. Heickhaus und später H. Dahlke Pächter der Baulichkeiten im Karlsgarten. Seit 1926 im Besitz der Löwenbrauerei-Böhmisches Brauhaus galt der Karlsgarten mit dem Neuköllner Prater und dem Restaurant „Bergschloßhöhe" vor allem als Hochburg der Artisten- und Varietékünstler.

Blick von der Hermannstraße in die Karlsgartenstraße. Diese Karte wurde im Dezember 1917 verschickt. Der Weg geradeaus führt direkt in den Volkspark Hasenheide. Die Häuserzeile zur linken ist bis heute erhalten geblieben. Vorne links das Gebäude Karlsgartenstraße 22.

Dies ist die Karlsgartenstraße, rechts geht es in die Wissmannstraße. Auf dem Grundstück hinter dem rechten Haus, in der Karlsgartenstraße 6-11 befanden sich die Notunterkünfte der Nachkriegszeit bzw. der Karlsgarten, welcher auf den vorangegangenen Seiten vorgestellt wurde.

Schuljahr 1950/51; in der Albert-Schweitzer-Oberschule, Karl-Marx-Straße 14. Hier die Klasse von Frau Wienecke. Die Dame mit der Brille vor dem offenen Fenster ist die Lateinlehrerin „Mama Seelig".

Zurück in die Hermannstraße des Jahres 1956; hier noch mit Kopfsteinpflaster und Gleisen der Straßenbahn. Blick vom Hermannplatz auf die Häuser Nummer 10-16, die bis heute erhalten sind. Auf der linken Seite befindet sich der Kirchhof der St. Jacobi Gemeinde.

Blick in die entgegengesetzte Richtung zum Hermannplatz im selben Jahr. Um die Hermannstraße verbreitern zu können, wurde an dieser Stelle die Kirchhofsmauer des St. Jacobi-Kirchhofs abgerissen. Links ist ein Zugang zum U-Bahnhof Hermannplatz, rechts oben ein Teil des Warenhauses Karstadt zu erkennen.

Etwas südlicher der Hermannstraße, Höhe U-Bahnhof Boddinstraße. Hier ist der am 24. Februar 1927 eröffnete, vom Architekten F. Wilms geschaffene „Mercedes-Palast“, zu sehen. Er war ein Kino der Superlative: Im Saal befanden sich 2.600 Plätze inklusive 180 Logenplätze. Dieser Filmpalast, noch zu Stummfilmzeiten eröffnet, wies in seinem Inneren auch eine große Bühne, eine Kinoorgel sowie einen Orchestergraben auf. Das Gebäude im Hintergrund links mit den ehemaligen Kindl-Festsälen ist heute noch erhalten.

Eine Innenansicht des „Mercedes-Palastes", der nun „Europa-Palast" heißt, am 12. Oktober 1952. Hier tritt der Erksche Chor im Rahmen einer 100-Jahr-Feier auf. Ende der sechziger Jahre wurde der Filmbetrieb im ehemaligen „Mercedes-Palast" eingestellt. Warenhaus, Supermarkt und andere Geschäfte waren in dem baulich stark veränderten Gebäude untergebracht. Mitte der neunziger Jahre wurden die Reste des Kinos abgerissen; an dieser Stelle befindet sich jetzt der Kindl-Boulevard mit Passage, Geschäften, Kinos und einem Hotel.

Diese im Juni 1904 abgestempelte Karte zeigt Rixdorf einige Jahre vor einschneidenden Veränderungen: Rixdorf erhielt mit einer Einwohnerzahl von 80.000 im Jahre 1899 das Stadtrecht. Fünf Jahre später wurden bereits 150.000 Einwohner gezählt. 1912 erfolgte die Umbenennung in Neukölln. Acht Jahre später wurde Neukölln mit den Ortsteilen Britz, Buckow und Rudow als 14. Verwaltungsbezirk zu Groß-Berlin vereinigt.

2

Über den Dächern von Neukölln

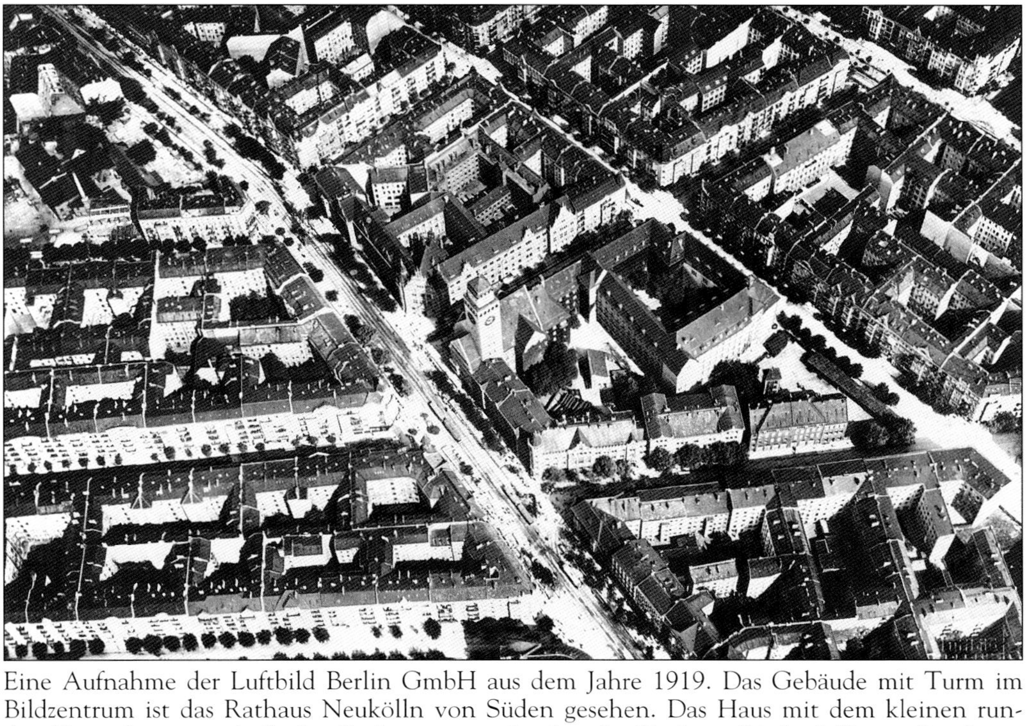

Eine Aufnahme der Luftbild Berlin GmbH aus dem Jahre 1919. Das Gebäude mit Turm im Bildzentrum ist das Rathaus Neukölln von Süden gesehen. Das Haus mit dem kleinen runden Türmchen unterhalb des Rathausturmes ist das alte Rathaus Rixdorf. Davor die diagonal verlaufende Berliner Straße, heute Karl-Marx-Straße, parallel dazu rechts die Donaustraße. Horizontal verlaufende Straßen links der Berliner Straße, von unten nach oben: Neckarstraße, Boddinstraße, Flughafenstraße. Rechte Seite: Erkstraße, Schönstedtstraße, Fuldastraße.

Blick von der gut besuchten Dachterrasse des Warenhauses Karstadt am Hermannplatz über die Dächer Neuköllns zu Beginn der dreißiger Jahre. Links, zwischen den beiden Fahnen, sind einige Häuser der Sonnenallee zu erkennen. Der Kirchturm im Hintergrund gehört zur Martin-Luther-Kirche an der Sonnenallee/Ecke Fuldastraße.

Vom Rand des Dachgartens eine Aussicht auf die Karl-Marx-Straße, die Anfang der dreißiger Jahre in diesem Abschnitt noch Berliner Straße hieß. Oben rechts ist das von Reinhold Kiehl in den Jahren von 1906 bis 1908 errichtete Rathaus Neukölln deutlich zu erkennen.

Blick von einem Balkon in der Reuterstraße auf die Kreuzung Flughafenstraße/Ecke Reuterstraße zu Beginn der sechziger Jahre. Die Flughafenstraße hieß bis zu ihrer Umbenennung am 7. Januar 1928 Münchener Straße. Das Lokal an der Ecke mit dem Namen „Stadtwappen" existierte bis zu Beginn der neunziger Jahre. Das Neuköllner Wappen ziert bis heute die Fassade dieses Hauses.

Auf demselben Balkon in der Reuterstraße zu Pfingsten 1955. Im Hintergrund links Bäume und Häuser der Reuterstraße mit Blickrichtung zur Karl-Marx-Straße und Sonnenallee.

Blick vom Rathausturm um 1913 in die Berliner Straße. Im Vordergrund rechts das Amtsgericht. Das Eckgebäude links an der Flughafenstraße – dieser Teil hieß zu jener Zeit noch Münchener Straße – mit der Werbung der *Berliner Morgenpost* ist vielen Berlinern heute als „Turnschuhhaus" ein Begriff. Wegen seiner Bemalung mit einem überdimensional großen Turnschuh Anfang der achtziger Jahre hat der Volksmund dem Haus diesen Namen gegeben. Im März 1998 wurde dieses Gebäude abgerissen, um einem Einkaufszentrum, dem Forum Neukölln, Platz zu machen.

Etwa dieselbe Blickrichtung, fast 20 Jahre später. Das „Turnschuhhaus" präsentiert sich inzwischen ohne Kuppel, die U-Bahn ist bereits in Betrieb, im Hintergrund sieht man das Warenhaus Karstadt.

Fotografien vom Dach der Wohnanlage Weserstraße 144. An den Tauben vorbei geht hier im Jahre 1957 der Blick in Richtung Elbestraße/Ecke Weserstraße.

Blick vom Dach der Weserstraße 144 in die entgegengesetzte Richtung zum 67 m hohen Turm des Rathauses Neukölln, ebenfalls 1957.

Von diesem Rathausturm ging die Sicht 1935 in die südliche Bergstraße. Hinten links sieht man an der Straßengabelung die Richardstraße. Der Gebäudekomplex rechts, zwischen Neckar- und Rollbergstraße, ist heute nicht mehr vorhanden. Oben links, schwach erkennbar, der ehemalige Gasometer an der Kanner Straße.

Die Dächer der Berliner Kindl Brauerei vom Dach eines Wohnhauses in der Jägerstraße gesehen. Diese Straße wurde am 14. Februar 1950 in Rollbergstraße umbenannt. Im Mittelgrund erhebt sich das Rathaus Neukölln.

Im unteren Drittel des Bildes sind die Anlagen der Berliner Kindl Brauerei zu erkennen; in der Mitte rechts das Rathaus Neukölln. Am Rathaus vorbei führt die Bergstraße, heute Karl-Marx-Straße. Die Bergstraße kreuzt am linken Bildrand die Reuterstraße, welche unten links an der Boddinstraße beginnt bzw. endet.

Eine andere Perspektive mit neuen Einblicken: im Zentrum des Bildes, das baumreiche Areal des Ausschankgartens der Kindl Brauerei. Heute erhebt sich hier der sogenante Kindl Boulevard mit Einkaufspassage, Kino und Hotel. Gut zu erkennen sind die Kindl-Festsäle an der Hermannstraße. Die von der Hermannstraße abgehenden Straßen von links nach rechts sind die Boddinstraße, die Jägerstraße (heute Rollbergstraße) und die Werbellinstraße. Die markanten Gebäude der Brauerei an der Mainzer Straße, den Boddinplatz kreuzend, sind in einer Nahaufnahme auf Seite 72 gut zu sehen.

Die Fritz-Reuter-Stadt, besser bekannt als Hufeisensiedlung, im Jahre 1935. Diese Anlage schuf der Architekt Bruno Taut im Ortsteil Britz unter dem damaligen Berliner Stadtbaurat Martin Wagner. Gelegen an der Fritz-Reuter-Allee zwischen Blaschko-, Buschkrug- und Parchimer Allee ist die Hufeisensiedlung die erste von insgesamt vier Berliner Großsiedlungen. Die Fritz-Reuter-Stadt wurde von 1925 bis 1931 in mehreren Bauabschnitten errichtet; der gesamte Baukomplex umfaßt 1.027 Wohneinheiten, darunter 427 Einfamilienhäuser. Ihren Namen erhielt die Siedlung durch den hufeisenförmig angelegten Lowise-Reuter-Ring, der um einen der vielfach noch in Britz erhaltenen Pfuhle gruppiert ist. Der Hufeisenring mit dem Teich im Zentrum sollte die soziale Gleichheit und Gemeinschaft der Mieter schaffen bzw. widerspiegeln.

3

Zu Besuch im Böhmischen Dorf

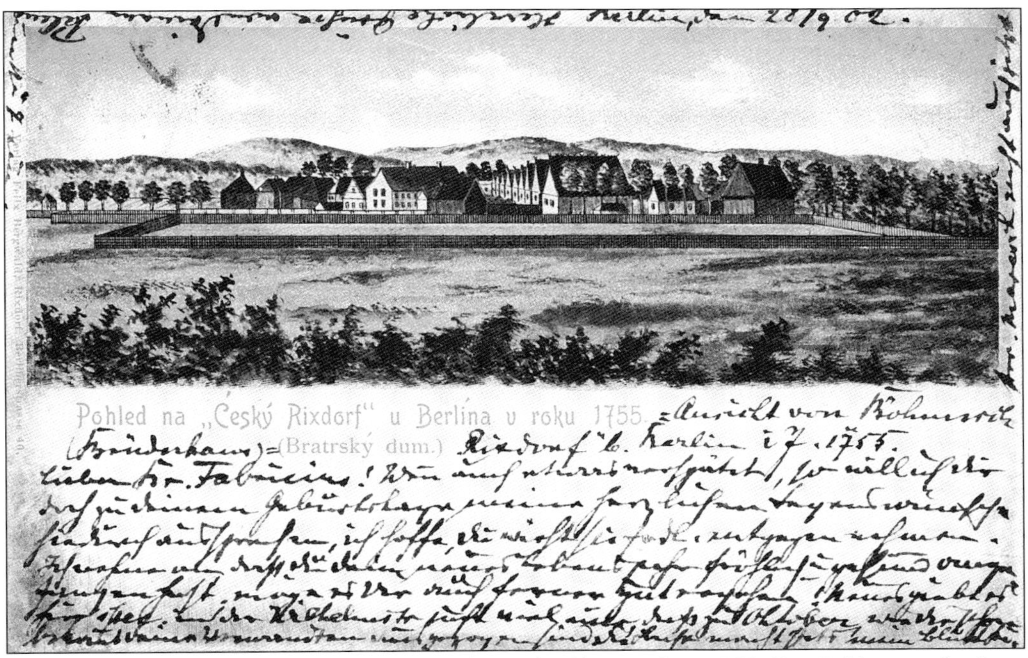

Eine der ältesten Ansichten von Böhmisch-Rixdorf bei Berlin, 1755. Die Bildunterschrift ist noch in böhmisch verfaßt. Deutlich sind die mit den Giebeln zur Straße stehenden Scheunen und Wohnhäuser zu erkennen. Das größere Gebäude mit den beiden Schornsteinen ist das Schul- und Anstaltshaus der Brüdergemeine, Kirchgasse 5. Im Jahre 1753 wurde es errichtet und ist bis heute erhalten. Das ganz rechts stehende Haus ist der Kirchsaal der böhmisch-reformierten Gemeinde, der ebenfalls bis heute, wenn auch in veränderter Bauweise, existiert.

Ein seltener Blick über einen Teil des Böhmischen Dorfes um 1910. In der Bildmitte rechts ist der Betsaal der Herrnhuter Brüdergemeine zu sehen. Die beiden Scheunen daneben liegen an der Kirchgasse, dahinter sind Wohngebäude der Richardstraße zu erkennen. Links hinter der

Häusergruppe ist der Gasometer der 1878 eröffneten Gasanstalt an der Canner Straße – ab 1909 Kanner Straße – als Silhouette erkennbar. Man sieht deutlich, wie die rasant wachsende Großstadt das kleine Dorf umzingelt.

Bewohner und Passanten vor dem Haus Richardstraße 28 in einer Aufnahme wahrscheinlich von 1906. Auch hier wird deutlich, wie sich vierstöckige Wohnhäuser immer mehr in den Dorfkern hineinschieben. Das Haus wurde 1771 errichtet und 1907 abgerissen. Ein Gemälde des Hauses befindet sich im Hausflur des an dieser Stelle errichteten Gebäudes.

Ebenfalls um 1906. Die Häuser der Richardstraße 28, 29/Ecke Uthmannstraße, die zur damaligen Zeit noch Rosenstraße hieß. Auch diese Straße wurde einige Male umbenannt: von 1882 bis 1938 hieß sie Rosenstraße, von 1938 bis 1947 Richardsburgweg, ab dem 31. Juli 1947 Uthmannstraße.

Fast dieselbe Straßensituation einige Jahre später. Hier wird der Betrachter Zeuge, wie das Haus Richardstraße 29 in Handarbeit abgerissen wird.

Das Haus Richardstraße 35 in einer Aufnahme um 1900. Später entstand an dieser Stelle die berühmt-berüchtigte „Richardsburg“ – mit etwa 500 Wohnungen eine der größten Mietskasernen Berlins. Im Krieg teilweise zerstört, 1971 abgerissen; dort entstand seit Anfang der neunziger Jahre der Comenius-Garten.

Dasselbe Haus von der Hofseite her gesehen. Hier posieren am 17. Juni 1900 Hochzeitsgäste vor dem Fotografen. Es verehelichten sich Gottlieb Andreas Friedrich Baumann mit Pauline Ernestine Baumann, verw. Fryczinski, geb. Maresch. Die Nachkommen der Familie Maresch leben heute noch im Böhmischen Dorf.

Etwa 20 Jahre später in der Richardstraße 35; das auf den vorigen Bildern dargestellte Büdnerhaus ist inzwischen abgerissen. 1903 kaufte Ferdinand Wickel, einer der reichsten und angesehensten Männer von Rixdorf und Britz, das Grundstück von den Maresch-Erben. Diese waren Nachfahren der 1737 eingewanderten Glaubensflüchtlinge. Wickel ließ das Bauernhaus abreißen und einen riesigen Wohnkomplex errichten, der zunächst Wickelsburg genannt wurde. Dieser Komplex erstreckte sich von der Richardstraße bis fast an die Bergstraße, der heutigen Karl-Marx-Straße.

Zwei Häuser weiter – die Richardstraße 37. Ein kleines Haus der Schmiedemeisterfamilie Kiel mit einer großen Familiengeschichte; die Personen v.l.n.r.: Bruno Kiel: 5. Oktober 1894 bis 30. März 1960; Hermann Kiel (Schmiedegeselle): 22. Januar 1891 bis 6. Juli 1963; Hermann Kiel (Schmiedemeister): 17. November 1859 bis 14. August 1912. Die vierte Person ist nicht bekannt. Auguste Kiel, geb. Junker: 17. März 1860 bis 6. Dezember 1906; Elli Hermann, geb. Kiel: 16. November 1889 bis 29. Mai 1955; Gertrud Hörnick, geb. Kiel: 31. Oktober 1899 bis 1. Januar 1948; Berta Pahl: 28. April 1889 bis 29. Dezember 1970.

Dasselbe Jahr, dasselbe Haus: Familie Kiel und Arbeiter im Hof ihrer Schmiede. Das Haus Richardstraße 37 ist noch heute in leicht veränderter Form erhalten.

Das Kirchliche spielte und spielt im Böhmischen Dorf eine große Rolle. Bis heute bestehen drei evangelische Kirchengemeinden böhmischer Herkunft: die böhmisch-lutherische Betlehemsgemeinde mit der alten Dorfkirche am Richardplatz, die reformierte Betlehemsgemeinde mit ihrem Kirchsaal in der Richardstraße und die Brüdergemeine. Eine besondere Rolle spielt die Musik im Leben der böhmischen Einwanderer. Hier der Bläserchor der Brüdergemeine hinter dem Betsaal in einer Aufnahme vom 17. Oktober 1909.

Ostermorgen in der Kirchgasse, 1936. Der Bläserchor und die Gemeinde auf dem Weg zum Betsaal. Bläserchöre gibt es in der weltweit verbreiteten Brüdergemeine seit über 250 Jahren. Diese Chöre waren Ausgangspunkt für das gesamte Posaunenwerk der evangelischen Kirche in Deutschland. Der Bläserchor der Brüdergemeine Berlin-Neukölln ist heute einer ältesten Posaunenchöre Berlins und blickt auf eine fast 220jährige Tradition zurück.

Fast dieselbe Szenerie 13 Jahre zuvor. Der Text auf der Rückseite des Bildes lautet: „Ostermorgen in der Brüdergemeine 1923. Unter Vorantritt des Bläserchores begibt sich die Gemeinde zum Betsaal, nachdem auf dem Böhmischen Gottesacker die Osterliturgie gebetet wurde und der Verstorbenen des letzten Jahres gedacht worden war."

Der Bläserchor und die Schwestern der Brüdergemeine mit ihren weißen Hauben auf dem Gelände hinter dem Betsaal am Ostermorgen 1923.

Der Zug der Brüdergemeine zu Ostern 1936, diesmal am Richardplatz. Im Hintergrund das Haus Richardplatz 16/Ecke Richardstraße. Der Mann rechts mit der Tuba (oberes und unteres Bild) ist Martin Motel, der über 60 Jahre Mitglied im Bläserchor war.

Fast dieselbe Perspektive, allerdings am Ostermorgen im Jahre 1952. Es scheint sich kaum etwas geändert zu haben: Litfaßsäule und der sogenannte „Erfrischungspilz" rechts stehen an ihrem gewohnten Platz. Bei dem Haus an der rechten Seite sind ausgebrannte Fensterhöhlen noch deutlich sichtbar – Zeugnisse des letzten Krieges!

Neuköllner 1928 in der Kirchgasse mit Blick auf den Betsaal der Rixdorfer Brüdergemeine in der Mitte des Bildes. Während des Umbaus im Jahre 1883 erhielt das Gebäude den für die Kirchen der Brüdergemeinen typischen Dachreiter. Die darin befindliche Glocke aus dem Jahre 1789 ist bis heute erhalten.

Der Schwesterneingang zum Saal der Brüdergemeine in der Kirchgasse 14/15, etwa 1925. Neugierige Brüder blicken über das Tor. Im Hintergrund die Scheunen an der Kirchgasse. Die Kreuze in den Fachwerkwänden stellen keinen Bezug zum gegenüberliegenden Betsaal der Brüdergemeine dar; sie dienten lediglich als Schlupfloch für Eulen und Käuzchen, die sich in der Mäusebekämpfung nützlich machten.

Winterfreuden auf einem Grundstück am Betsaal der Brüdergemeine. Diese Aufnahme ist um 1930 entstanden. Am 2. Januar 1944 wurde der Betsaal bei einem Luftangriff zerstört. Dabei kamen der Prediger Günther Glitsch und zehn weitere Gemeindemitglieder im Keller des Saales ums Leben. Das neue Gemeindezentrum wurde am 13. Mai 1962 eingeweiht.

Hier die Richardtsraße 81 vor dem Zweiten Weltkrieg: Kinder haben einen Schneeberg für ihr Rodelvergnügen aufgeschüttet. Im Hintergrund das Haus Richardstraße 35, die Richardsburg, die 1971 abgerissen wurde.

Hier ein Foto der Familie Carl Noack im Hof der Richardstraße 91. Den Bruder, Landwirt Wilhelm Noack, können wir auf Seite 60 in Aktion sehen.

Auf dem Kolonistengehöft in der Richardstraße 89 im Jahre 1915. Die Familie von Wilhelm Motel beim Familientreffen. Auch die Nachfahren dieser Familie sind wie die Familien Krystek, Maresch u.a. bis heute im Böhmischen Dorf anzutreffen.

Richardstraße 93 im Jahre 1906. An dieser Stelle befindet sich heute ein Umspannwerk der BEWAG. Die abgebildeten Personen v.r.n.l.: Christian Maresch, Emma Maresch, geb. Lucas, Martha Maresch, später verheiratete Bading (vielen Neuköllnern ist das Geschäft „Musik Bading“ in der Karl-Marx-Straße ein Begriff), und Charlotte Maresch, verheiratete Brückner.

1912. Erinnerung an das Schwesternfest in der Rixdorfer Brüdergemeine. Das Haus im Hintergrund, das sogenannte Teehäuschen, existiert heute nicht mehr.

Großes Ereignis im Böhmischen Dorf am 1. Juni 1912: Ankunft Seiner Königlichen Hoheit des Prinzen Eitel Friedrich. Anlaß: Einweihung des Denkmals für König Friedrich Wilhelm I. Das geschmückte Haus rechts ist die Richardstraße 36, das kleinere die Nummer 37. Wir blicken von der Kirchgasse auf das Empfangszeremoniell. Die Personen im folgenden: 1. Prinz Eitel Friedrich,

2. Oberpräsident von Conrad, 3. Wilhelm Krüger, 4. Regierungspräsident von der Schulenburg, 5. Konsistorialpräsident Steinhausen, 6. Polizeipräsident von Berlin, von Jagow, 7. Adjutant des Prinzen, 8. Polizeihauptmann Schobbn, 9. Diener mit Kranz vom Kaiser.

Die Ansprachen des Prinzen Eitel Friedrich zur Denkmaleinweihung. Das Denkmal wurde von den drei böhmischen Gemeinden errichtet und erinnert an den Stifter des Böhmischen Dorfes.

Nach der Enthüllung des Denkmals, von dem ein Teil rechts oben sichtbar ist. Das Haus links ist die Kirchgasse 5. Im Mittelpunkt der Gruppe Eitel Friedrich Prinz von Preußen – mit Fellmütze. Links und rechts von ihm die Mitglieder des Denkmalkomitees Daniel Zoufal und Wilhelm Zoufall, alteingesessene böhmische Nachfahren. Während der Einweihungsfeierlichkeiten wurde ein Film gedreht, der bereits am Abend des 1. Juni vorgeführt wurde. Vor der großen Fahne im Hintergrund ist der Kameramann zu erkennen.

Hier die Tribüne A am Tage der Denkmaleinweihung; das Festgeschehen wurde von mehreren Tribünen aus beobachtet. Im Jahre 1912 fand noch ein weiteres hervorhebenswertes Ereignis statt: am 27. Januar 1912 wurde die Stadt Rixdorf in Neukölln umbenannt. Kaiser Wilhelm II. genehmigte diesen Antrag persönlich.

Privataufnahmen aus dem böhmischen Dorf; Daniel Friedrich Wanzlik, der letzte böhmische Dorfschulze, im Kreise seiner Familie im Jahre 1871. Der Name dieser Familie ist bis heute im Böhmischen Dorf erhalten geblieben und anhand von Straßennamen im Neuköllner Stadtgebiet festgeschrieben. So hieß beispielsweise ein Teil der Flughafenstraße vor 1882 bis zum Januar 1928 Wanzlikstraße. Die Saltykowstraße hieß vom 5. April 1934 bis zum 31. Juli 1947 ebenfalls Wanzlikstraße. Der Wanzlikpfad erinnert seit dem 26. September 1983 an diese böhmische Familie.

Am alten Teehäuschen der Brüdergemeine in der Kirchgasse 14/15. Silberhochzeit des Lehrers Benjamin Motel und seiner Frau Marie, geb. Maresch, am 5. April 1913. In der Bildmitte, links neben dem Mauertürmchen, Alfred Reichel, der Schöpfer des Denkmals für König Friedrich Wilhelm I.

Wilhelm Zoufall, langjähriger Leiter der Brüdergemeinschule, im Kreis seiner Familie in der Kirchgasse 3.

Eine Hochzeitsfeier mit vielen Gästen im Böhmischen Dorf am 28. Mai 1912. Es heirateten Traugott Samuel Pfeiffer und Charlotte Bading. Die zweite Person rechts in der zweiten Reihe ist der Prediger der Brüdergemeine, Friedrich Pudmensky.

Die Höhere Mädchenschule von Martha Gunkel. Am 1. Oktober 1907 wurden ihre Aufgaben vom Mädchen-Oberlyzeum in der Berliner Straße, heute Albert-Schweitzer-Gymnasium, in der Karl-Marx-Straße 14 übernommen.

Abschiedsrundgang durch das Böhmische Dorf. Eine Straßensituation am Richardplatz 6 um 1904. Die Straßenbahnlinie 46 verkehrte zu dieser Zeit zwischen Nieder-Schönhausen (Nordend) und Rixdorf bzw. Britz (Rudower Straße). Die Straßenbahn kommt gerade aus der Richardstraße. Das rechte Haus, Nummer 5, wurde durch ein vierstöckiges Gebäude ersetzt.

Eine ähnliche Situation über ein halbes Jahrhundert später – im Jahre 1956. Die Straßenbahngleise sind bereits entfernt, doch die Firma Otto Wöltinger, Kanalisation, Gas- und Wasseranlagen, existiert noch heute, allerdings nicht mehr in diesem Gebäude.

Schmiede mit Wohnhaus und Anbauten aus nordwestlicher Richtung gesehen, um 1900. Im Hintergrund die Bethlehemskirche aus dem 15. Jahrhundert, Richardplatz 22/Ecke Schudomastraße.

Auf dem Hof der alten Dorfschmiede um 1910. Die Schmiede wurde 1797 von einer „Lauf-" in eine „Wohnschmiede" umgewandelt. 1965 wurde dieses Gebäude mit dem Wohnhaus unter Denkmalschutz gestellt und umgebaut. Nach Sanierungsarbeiten 1990 zog ein Frauentreffpunkt in das Wohnhaus ein. Die Schmiede blieb in Betrieb und steht seit 1624 unter „Feuer".

Am Richardplatz 7-8, um 1910. Heute befinden sich an dieser Stelle vierstöckige Wohnhäuser ohne Vorgärten.

In der Goethestraße (ab 1947: Herrnhuter Weg)/Ecke Richardstraße, um 1900. Das Gebäude wurde wegen seiner Form „Der Möbelwagen" genannt. Auch dieses Haus steht nicht mehr.

Vor dem Haus Rosenstraße 7 (ab dem 31. Juli 1947: Uthmannstraße) am 6. Oktober 1934. Der Straßenname bezieht sich auf den Komponisten und Chordirigent Gustav Adolf Uthmann (29. Juni 1867 bis 22. Juni 1920). Heute befindet sich an dieser Stelle ein moderner Neubau.

Hier geht der Blick von der Rosenstraße auf die Richardstraße, um 1930. Bei dem Büdnerhaus zur linken ist sehr gut die klassische Bauform mit dem zur Straßenseite halb abgeschrägten Dach zu erkennen.

Großer Festumzug durch die Richardstraße im Jahre 1937. Hier wird das 200jährige Bestehen des Böhmischen Dorfes gefeiert.

Letzter Blick in die Richardstraße in Richtung Süden, Ende des 19. Jahrhunderts. Das „Hochhaus“ ist die Nummer 87. Die Nummer 88, links daneben, ist ein Wohnhaus von 1737, umgebaut 1849, und ist bis heute erhalten.

Blick in die entgegengesetzte Richtung nach Norden, um 1920. Hinten links der Kirchsaal der evangelisch-reformierten Bethlehemsgemeinde.

Am Hohenzollernplatz, seit dem 14. Februar 1950 Karl-Marx-Platz, verlassen wir nun das Böhmische Dorf. Das von M. Wolff geschaffene Reiterstandbild Wilhelms I. wurde im Zweiten Weltkrieg eingeschmolzen. Diese Ansicht stammt etwa aus dem Jahre 1905.

Eine Zeitlang befand sich der Eiserne Ritter vor dem Reiterstandbild Wilhelms des Großen. Heute erinnert nichts mehr an diese beiden Standbilder, stattdessen schmückt eine Brunnenanlage mit Figuren aus der griechischen Mythologie diesen Platz.

Aufnahme aus dem Jahre 1909. Anstelle des großen Gebäudes in der Bildmitte steht heute die in den Jahren 1980/81 errichtete Begegnungsstätte für Senioren. In den ersten Jahren nach der Einwanderung befand sich hier das Schulzenamt von Böhmisch-Rixdorf. Auf dem freien Gelände der Kirchgasse 1 (rechts) stand später das erste Postamt Rixdorfs, damals Briefsammelstelle genannt. In der Mitte des rechten Bildrandes ist das Gebäude Kirchgasse 5 zu erkennen, welches bis heute erhalten ist.

4

Die Ortsteile Britz, Buckow und Rudow

Der Teltowkanal in Britz mit der Chausseestraßenbrücke (seit 1951: Britzer Brücke) 1906. In diesem Jahr eröffnete Kaiser Wilhelm II. den Kanal, der in 40 Monaten von 2700 Arbeitern erbaut wurde. Die 38 Kilometer lange Wasserstraße sollte ursprünglich die Ortsteile Steglitz und Teltow von Brauchwasser und Mücken befreien. Doch die wachsende wirtschaftliche Bedeutung des Berliner Südens machte aus dem Kanal einen wichtigen und preiswerten Transportweg. Die Brücke ist durch eine moderne Stahlbeton-Konstruktion ersetzt worden.

Hier ein Abschnitt des Kanals im Jahr 1906 an der Späthstraßenbrücke. Wegen unzureichend befestigter Kanalufer durften Motorschiffe nicht passieren. Statt dessen wurden die Schiffe bis zum Zweiten Weltkrieg von kleinen Treidel-Loks gezogen.

Rathaus Britz auf einer Postkarte, um 1904. Nach links geht es in die Chausseestraße, ab 1951 Britzer Damm; rechts geht es in die Hannemannstraße. Das Gebäude ist heute in vereinfachter Form vorhanden.

Schloß Britz in der Straße Alt-Britz 73-74 in einer Aufnahme von 1934, Gartenfront. Am Standort des heutigen Herrenhaus wurde um 1706 ein festes Steinhaus mit zwei Geschossen errichtet. Zuvor hatte sich dort nur ein Gebäude aus Lehmfachwerk befunden. Preußische Staatsminister wie Heinrich Rüdiger von Ilgen und Ewald Friedrich von Hertzberg waren Gutsherren von Britz. So wurde das Herrenhaus im Laufe der Jahrhunderte immer wieder durch Um- und Anbauten verändert. 1824 veräußerten die Erben des Grafen Hertzberg das Gut an dessen erste bürgerliche Besitzer. 1880 ließ ein späterer Eigentümer, der Fabrikant und Bankier Wilhelm August Julius Wrede, das Schloß grundlegend umbauen. 1924 erwarb die Stadt Berlin das Schloß. Nach 1945 wurde es zum Kinderheim. 1985 fiel die Entscheidung, das Schloß zu restaurieren, am 29. April 1988 fand die Wiedereröffnung statt.

Die neue Siedlungskirche und die letzten Garben auf dem Gutsacker, 1955. Einige Jahre später gibt es hier keine Ackerflächen mehr. Direkt vor der Kirche der evangelischen Hephata-Gemeinde verläuft heute die Fritz-Reuter-Allee, davor befindet sich ein kleiner Park.

Wilhelm Noack, Landwirt aus dem Böhmischen Dorf, in Aktion. An die Aufnahme, um 1930 entstanden, dürfte vor Ort heute nichts mehr erinnern. Die ehemaligen Felder sind inzwischen komplett bebaut. In ihrem Bereich liegt nun das Krankenhaus Neukölln (Rudower Straße); in der Nähe befindet sich der Imbuschweg.

Ein Postamt in der Onkel-Herse-Straße 2 in Britz in einer Aufnahme vom 31. Juli 1952. Die kleine Straße befindet sich zwischen der Buschkrug- und der Fritz-Reuter-Allee. Die Poststelle war in einer Reihenhaussiedlung untergebracht und existierte dort bis zum September 1952. Die Onkel-Herse-Straße hieß bis zu ihrer Umbenennung am 9. Februar 1927 schlicht Straße Nr. 200.

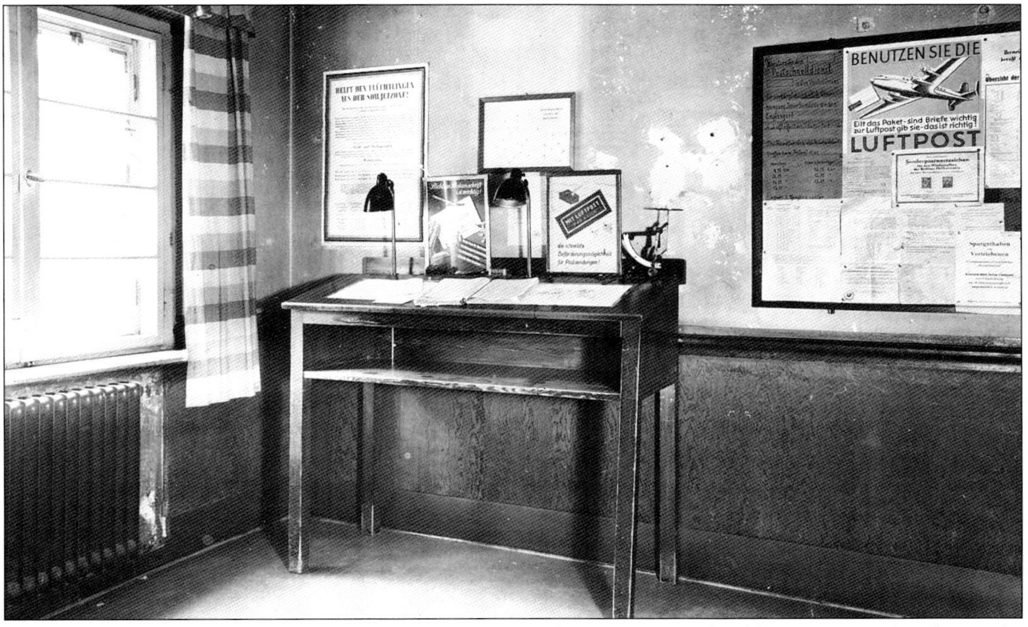

Innenansicht des Postamts Berlin-Britz 2 am 31. Juli 1952. Hier der kleine Raum für den Publikumsverkehr. Das links zu entdeckende Plakat appellierte: „Helft den Flüchtlingen aus der Sowjetzone“. Rechts an der Wand informierte eine Notiz über das „Sparguthaben von Vertriebenen“. Beide Dokumente belegen, daß der Krieg noch nicht allzu lange vorbei war.

Hier das Hauptpostamt in der damaligen Chausseestraße, die heute Britzer Damm heißt. Links beginnt der heutige Tempelhofer Weg.

Das berühmte Restaurant „Buschkrug" in Britz. Ein historischer Gasthof, der bereits 1375 erwähnt wurde. Auf einer Karte von 1786 ist er an der Kreuzung des damaligen Britzer Dammes (Grenzallee) und der heutigen Buschkrugallee eingezeichnet. Am 31. Juli 1947 wurden die frühere Rudower Straße (1899–1917) sowie die Rudower Allee (1917–1947) in Buschkrugallee umbenannt.

Weihe und Enthüllung des Britzer Ehrenmals am 7. November 1934. Für die Nationalsozialisten war dies ein willkommener Anlaß, sich selbst und ihre Ideologie in Szene zu setzen.

Eine Hochzeitskutsche des Fuhrunternehmens Gustav Schöne Ende der fünfziger Jahre vor der Britzer Mühle.

Ein Ecklokal auf dem Weg Richtung Rudow an der Rudower Straße 90. Die Fahne über dem Eingang des Lokals läßt erahnen, in welcher Zeit die Aufnahme entstand.

Einweihung des Gefallenendenkmals vor der Dorfkirche in Alt-Buckow am 1. Juni 1930. Dieser Gedenkstein ist noch heute erhalten und mahnt an die Gefallenen des Ersten und Zweiten Weltkrieges.

Die Dorfkirche in Buckow in einer Aufnahme von Friedrich Seidenstücker aus dem Jahre 1953. Die Dorfkirche ist das älteste Bauwerk Neuköllns und die zweitälteste Kirche Berlins. Sie ist etwa in den Jahren von 1230 bis 1250 aus Granitquadern und Feldsteinen als einschiffiger Quaderbau mit geradem Chorschluß im Osten erbaut worden. Während des Zweiten Weltkrieges wurde die Kirche stark beschädigt. Zu Ostern 1950 konnte sie wieder ihrer Bestimmung übergeben werden. Im Jahre 1964 erfolgte dann der bisher letzte große Umbau. Die Straße 128 heißt heute Im Amtmannsgarten. Rechts im Bild der Gedenkstein für die Gefallenen des Ersten und Zweiten Weltkrieges.

Ein unscheinbares Mehrfamilienhaus? Nein, dies ist das 1660 erbaute sogenannte Jagdschloß in der Prierosser Straße 48. Frühere Bezeichnungen: 1660 Hanffscher Lustgarten, 1671 Heidekampscher Garten, 1702 Königliches Lusthaus, 1753 Rudowsches Gartenhaus, 1813 Rudower Freigut, 1870 Rudower Jagdschloß. Das Schloß diente den regierenden Herrschaften während der Jagd auf Niederwild als Aufenthalt. Seit 1953 ist es als Baudenkmal geschützt. Aufnahme um 1955.

Abschiedsbesuch in der Gaststätte „Zum alten Krug“ an der Straße Alt-Rudow 59/ Ecke Köpenicker Straße, um 1930. Aufgrund der Ersterwähnung im Jahre 1375, jedoch ohne Standortangabe, in einem Landbuch ist sie vermutlich älter als die Dorfkirche Rudow. 1802 abgebrannt, für 2.263 Taler im selben Jahr wieder aufgebaut, hat diese Gaststätte seitdem nur geringe Veränderungen erfahren: auf der linken Seite des Hauses wurde ein Laden eingebaut, der angrenzende Biergarten wurde bebaut. Der Kirchendichter Paul Gerhardt übernachtete hier, ebenso hatte Friedrich II. seine eigenen Pferde hier stehen.

5

Brauereien, Familienbetriebe und Familienfeste

Bau der Vereinsbrauerei Rixdorf in der Jägerstraße 13-16. Eine Aufnahme von F. Albert Schwartz 1872: Die Jägerstraße wurde am 14. Februar 1950 in Rollbergstraße umbenannt. Im Hintergrund ist noch eine der vielen Windmühlen zu erkennen, die die Rollberge säumten. Ende des 19. Jahrhunderts verschwanden sie recht schnell, die Rollberge wurden größtenteils abgetragen. Am 1. Februar 1872 wurde die Vereinsbrauerei Berliner Gastwirthe zu Berlin, Actien-Gesellschaft gegründet, die heute unter dem Namen Berliner Kindl Brauerei AG ein Begriff ist.

Ebenfalls eine Aufnahme von 1872. Die Bauarbeiten waren noch voll im Gange, als am 19. Juli 1873 der erste Ausstoß und Beginn des Ausschanks gemeldet werden konnte. Die hier entstehende Brauerei galt später als Braubetrieb der kurzen Wege: Mälzerei, Sudhaus, Eis-, Gär- und Lagerkeller befanden sich am gleichen Ort, dazu kam ein großer Ausschankgarten für 10.000 Besucher.

Rundgang durch die Betriebsräume der Berliner Kindl Brauerei. Hier das Arbeitszimmer der „Expedition“. Diese Abteilung hatte mit allen Fragen des Fuhrparks, des Vertriebs und der Logistik zu tun.

Die Buchhaltung für Faßbier im Jahre 1912/13. Bereits um 1900 fuhren für Berliner Kindl 102 Brauereifahrzeuge – davon 25 Flaschenbierwagen. Berlins heutige Bezirke waren damals noch Städte oder große Dörfer, mit unterschiedlich langen Ausschank- und Ladenschlußzeiten. Wer Bier von Rixdorf nach Berlin brachte, mußte für diesen „grenzüberschreitenden" Verkehr eine zusätzliche Biersteuer entrichten.

Dr. Wanderscheck im Neuköllner Laboratorium der Berliner Kindl Brauerei. In diesem Labor wurde (wie auch heute) der gesamte Brauprozeß überwacht. So wurden hier beispielsweise Schaumdichte, Alkoholgehalt und die Stammwürze des Bieres geprüft und jeder einzelne Brauabschnitt kontrolliert.

Beerdigungsfeierlichkeiten für Fritz Wenzel am 12. August 1935. Wenzel wurde im Oktober 1910 Prokurist und im Dezember 1911 Direktor der Berliner Kindl Brauerei AG.

Der große Trauerzug setzt sich in Bewegung. Sargträger mit Zylinder, Angehörige der Berliner Kindl Brauerei, aber auch Hitlerjungen waren bei dem Ereignis zugegen.

Die Kapelle der Berliner Kindl Brauerei begleitete Direktor Wenzel auf seinem letzten Weg. Heute unterhält die Brauerei keine hauseigene Kapelle mehr.

Unter reger Anteilnahme der Bevölkerung, aber auch unter den Blicken vieler Neugieriger, wurde Direktor Wenzel auf einem Friedhof an der Hermannstraße beigesetzt.

Eine seltene Aufnahme der Brauereigebäude an der Mainzer Straße mit Blick in Richtung Boddinplatz. Einen guten Überblick über die gesamte Anlage hat man auf den Seiten 26 und 27. Die Gebäude mit den markanten Abzugstürmen wurden im Krieg teilweise zerstört und Mitte der sechziger Jahre komplett abgerissen.

Teilansicht des Betriebshofes der Kindl Brauerei Ende der fünfziger Jahre. Der motorisierte Faßbierpark mit den sogenannten Bierkutschern. Die in Klinkerbauweise errichteten Gebäude im Hintergrund wurden Mitte der zwanziger Jahren errichtet und erfüllen bis heute ihre Funktion als Maschinen- sowie als Sudhaus.

Die Belegschaft der Brauerei Deutsches Brauhaus am 4. Juli 1914 in der Johann-Hus-Straße (seit 1938 Zwiestädter Straße).

Das Ausschanklokal „Löwen-Brauerei“ in der Wissmannstraße um 1915. Die Löwenbrauerei hatte bis zu ihrer Fusion mit der Böhmischen Brauhaus Aktiengesellschaft 1922 zehn Brauereibetriebe aufgenommen. Ebenso wurde Anfang 1926 die Bergschloßbrauerei AG an der Hasenheide 108-114 von der Löwenbrauerei AG übernommen. Bis Anfang der neunziger Jahre prangte ein Löwenkopf an der Stirnseite der ehemaligen Brauerei an der Wissmanstraße; heute Werkstatt der Kulturen.

Eine Hochzeit in Neukölln 1938 auf dem am Richardplatz 3 gelegenen Hof der Familie Schudoma. Auf dem Kutschbock sitzen links Paul Schöne (geboren am 25. Mai 1926) und rechts Joachim Schöne (geboren am 28. Mai 1928). Firmengründer Gustav Schöne kam als Schiffer aus Wendisch-Rietz nach Berlin und gründete am 7. Juni 1894 in der Bergstraße sein Fuhrgeschäft.

Auf dem hinteren Teil des Hofes am Richardplatz 18 um 1920. Im Damensattel Frieda Schöne, geb. Wanzlik, also auch eine Nachfahrin der böhmischen Einwanderer. Am 1. Dezember 1910 übernahm Gustav Schöne das Fuhrgeschäft von Albert Bachmann in der Richardstraße 85; am 1. Juli pachtete er das Grundstück Richardplatz 18 und zog dorthin um. Dieses Fuhrunternehmen existiert noch heute.

Die Erfrischungs-Halle von Hedwig Tilhein (Tante Hete) an der Oderstraße im Sommer 1957. Hinter dem Buschwerk rechts liegt das Stadion Neukölln, dahinter der Flughafen Tempelhof.

Tante Hete und ihr Personal in den Verkaufsräumen der Erfrischungshalle. Das Werbeschild in der Mitte wirbt für Groterjan Malzbier. Diese Marke war für die Berliner jahrzehntelang ein Begriff. In den Sommermonaten gab es für die Kinder bei Tante Hete oft ein Eis umsonst.

Die Milch-Wirtschaft der Familie Trabandt in der Elbestraße um 1930. Das Geschäft existierte noch bis zur Mitte der dreißiger Jahre.

Ein anderes Familienunternehmen, Gedan Porzellan & Geschenke, besteht auch heute noch in der Hermannstraße 138. Hermann Gedan kaufte 1906 das Grundstück; das hier abgebildete Haus wurde 1907 fertiggestellt, überstand den Zweiten Weltkrieg aber nicht. Es wurde durch einen Neubau ersetzt.

Die Silberhochzeit von Gertrud und Adolf Gedan. Bevor sie ihr Geschäft gründeten, hatten sie ein Lokal an der Julius-/Ecke Hermannstraße betrieben. Dieses ist auf Seite 76 unten zu sehen.

Auch eine Pferdehandlung gehörte einst zu den Unternehmungen der Gedans; sie existiert aber heute nicht mehr. Diese Pferdehandlung wurde nur „zwischendurch" geführt. Bevor die Gedans das Lokal eröffneten, hatten sie einen Stand für Obst und Gemüse am Kiehlufer.

In diesem Gebäude befand sich die erste Produktionsstätte der berühmten Glasmosaikgesellschaft Puhl & Wagner in Rixdorf (erste Experimente in einem Keller der Weddinger Ackerstraße 135). Mit der Übersiedlung nach Rixdorf erfolgte 1889 die Gründung der Deutschen Glasmosaik-Anstalt. Hier die Produktionsräume um 1900; die nahe des Hermannplatzes an der Berliner Straße 7-8 lagen.

Das an der Kiefholzstraße zwischen Rixdorf und Treptow gelegene Firmengebäude von Puhl & Wagner, etwa 1910. Der Architekt Franz Schwechten (Kaiser-Wilhelm-Gedächtniskirche, Anhalter Bahnhof) erbaute auf dem etwa 8.000 m² großen Grundstück die neue Produktionsstätte im neoromanischen Stil. Das Gebäude wurde 1904 fertiggestellt und von der Bevölkerung bald als „Zauberburg" bezeichnet.

Hier das Werksgelände um 1933 mit einem NSDAP-Wahlplakat. Das Gebäude bestand aus zwei hochgiebeligen Längstrakten, in denen sich Ateliers, Handwerker- und Lagerräume sowie die Wohnungen der Besitzer befanden. Diese gruppierten sich mit einem Quertrakt der Schmelzhütte um einen Hof; hier plätscherte eine kleine Fontäne in einer Schale mit blauem Mosaik. Der Schornstein der Schmelzhütte hatte die Form einer 30 m hohen romanischen Säule mit Kapitell und war mit goldenen und farbigen Mosaiken überzogen. Als 1972 die gesamte Anlage abgerissen wurde schrieb eine Zeitung: „... Berlin verliert eines seiner merkwürdigsten Baudenkmale ...“.

Die Belegschaft der Mosaikfabrik unter einem NS-Transparent. Im Zweiten Weltkrieg galt die Firma als kriegswichtiger Betrieb. 1947 wurde von Puhl & Wagner das sowjetische Ehrenmal im Treptower Park ausgestattet, 1949 die Synagoge in Frankfurt am Main. 1954 erhielt die Firma den Auftrag zur Ausschmückung einer Jacht von Onassis; ab 1965 blieben weitere Aufträge aus. Die technischen Einrichtungen waren überaltert, handwerkliches Arbeiten erschien zu teuer. Anfang der siebziger Jahre folgte der Konkurs.

Familienfeier bei den Musiols in der Weserstraße 144. Der junge Mann links am Tisch feiert seinen 17. Geburtstag.

Unzählige Paare gaben sich im Standesamt Neukölln ihr Jawort. Hier ein Paar mit Trauzeugen vor dem Eingang des Standesamtes in der Donaustraße.

Der Haupteingang des Rathauses Neukölln befindet sich an der Karl-Marx-Straße; die traditionellen Hochzeitsfotos nach der standesamtlichen Trauung werden aber immer an diesem „Seiteneingang“ der Donaustraße gemacht. Erkennt jemand das Paar aus dem Jahre 1963?

Kleine Hochzeitsgesellschaft in der Karl-Marx-Straße 1963. Blickrichtung zum U- und S-Bahnhof Neukölln.

Ebenfalls in der Karl-Marx-Straße im gleichen Jahr. Ein frisch vermähltes Paar an einer weißen Hochzeitskutsche des Fuhrunternehmens Gustav Schöne. Das Büdnerhaus links existiert nicht mehr.

6

Amüsements, Tanz- und Kneipenbummel

Die obere Terrasse des „Orpheum" in der Hasenheide 32-38/Ecke Gräfestraße. Postalisch gesehen befindet sich dieses Etablissement bereits auf Kreuzberger Seite, aber so genau nehmen die Berliner das nicht. Diese Postkarte von 1934 wirbt auf der Rückseite für das „Orpheum": „Das gepflegte Garten-Restaurant des Südens. Täglich Konzert u. Tanz i. Garten (2 Tanzflächen)".

Eine Postkarte, abgestempelt am 16. März 1936, vom großen Festsaal des Vergnügungsetablissements „Orpheum". Schon im 19. Jahrhundert war zwischen Südstern und Hermannplatz die Hasenheide, der Park wie auch die Straße, dicht gesäumt mit Kneipen, Bierschwemmen, Tanzdielen und Volksbelustigungen aller Art. Schon das Orchester Dajos Béla spielte seinerzeit aus der Operette „Kleine auf Besuch": „Woll'n wir nicht beide in die Hasenheide gehn? ... da ziehen sonntags die Mädel im weißen Kleid hinaus, da kommen montags die Männer völlig blau nach Haus ...".

Derselbe Saal, 21 Jahre später, im Stil der fünfziger Jahre. Nun heißt das Tanzlokal „Ballhaus Resi". Die Wasserspiele galten seinerzeit als „die schönsten der Welt". Als Besonderheit gab es 200 Tischtelefone und eine Rohrpostanlage von Tisch zu Tisch. Der Werbeslogan „Wer Berlin kennt, kennt Resi" ist heute noch vielen Berlinern ein Begriff. In den siebziger Jahren wurde dieser Tanzsaal abgerissen, um Sozialwohnungen Platz zu machen.

Im Klosterkeller des Tanzpalastes „Resi". Die Kurzgeschichte des Hauses: 1908 eröffnete Herr Baartz sein Residenzkasino dicht neben dem alten Residenztheater an der Jannowitzbrücke und nannte seinen Ballsaal kurz „Resi". Nach dem Ersten Weltkrieg wurden Tischtelefone, Tischrohrpost und 1928 die damals ersten Wasserspiele installiert. Nach dem Krieg 1951 wurde das Haus an der Hasenheide neu eröffnet. Die Wasserspiele verbrauchten pro Minute ca. 8.000 Liter, die Beleuchtung etwa 350.000 Watt.

Von den Lokalitäten an der Hasenheide geht es nun weiter zum Hermannplatz. Hier die Gastwirtschaft am Hermannplatz 2-3 im Juli 1961. Heute befindet sich eine Restaurantkette in diesen Räumlichkeiten.

Vom Hermannplatz kommend führt der Weg die Hermannstraße entlang Richtung Britz und Buckow. Rechts, in der Hermannstraße 30, befand sich das „Café Adria“. Heute ist an dieser Stelle, wie auch in dem angrenzendem Fischgeschäft, ein Wettbüro zu finden.

Das hier abgebildete Lokal befand sich am S-Bahnhof Hermannstraße an der Hermannstraße 111/Ecke Siegfriedstraße. Der Blick geht vom Bahnhof Hermannstraße aus auf die „Groß-Destillation zum Bahnhof", in dessen Räumlichkeiten sich heute ein Discounter befindet.

Weiter geht es über die Siegfriedstraße am S-Bahnhof Hermannstraße zur Kirchhofstraße. In diesem Haus war die „Berliner Kindl Klause" vom Budiker Markgraf.

Die Kaiser-Friedrich-Straße 38-39/Ecke Fuldastraße am Lokal „Fulda Eck". Ein Teil der Kaiser-Friedrich-Straße hieß in der Zeit von 1920 bis 1938 Sonnenallee, der andere Teil von 1938 bis 1947 Braunauer Straße. Seit 1947 ist der gesamte Straßenabschnitt vom Hermannplatz bis zur Baumschulenstraße in Sonnenallee um- bzw. zurückbenannt worden.

Das war das Lokal der Familie Schröder in der Fuldastraße 57. Die Straße erhielt ihren Namen im Oktober 1899.

Gäste und Passanten vor dem Lokal „Zur frohen Stunde“ am Britzer Damm 124. Zu dieser Zeit,1958, wurde die Gaststätte von der Familie Schrammar bewirtschaftet.

Gemütliches Beisammensein im Garten der Gaststätte „Zur frohen Stunde“. Das Lokal hatte bis in die sechziger Jahre einen großen Schankgarten hinter dem Haus, der für mehrere 100 Gäste ausgelegt war. Das Lokal kann noch heute besucht werden, der Garten ist inzwischen bebaut worden und steht somit nicht mehr zur Verfügung.

Conditorei & Café von Leopold Haegar in der Berliner Straße 106 (heute Karl-Marx-Straße), nahe Hermannplatz.

Eine Innenaufnahme der obigen Lokalität. Typisch für diese Zeit ist das hölzerne, weiß lackierte Kuchenbuffet.

7

Neukölln bei Nacht

Ein seltener Blick in die Gärtnerstraße um 1913. Diese Straße erhielt ihren Namen etwa zwischen 1895 und 1900. Am 1. August 1966 wurde der nördliche Abschnitt in Gerlachsheimer Weg umbenannt. Der südliche Teil der Gärtnerstraße erhielt am 26. September 1983 den Namen Wanzlikpfad.

Eine Aufnahme des angestrahlten Rathauses Neukölln von Julius Wilcke aus dem Jahre 1937. Das in den Jahren 1906 bis 1908 erbaute Rathaus wurde von Reinhold Kiehl entworfen, der 1905 zum Stadtbaurat berufen wurde. Links das in den Jahren von 1899 bis 1901 von Faerber errichtete Amtsgericht und Gefängnis Neukölln. Dieser Teil der heutigen Karl-Marx-Straße hieß von 1882 bis 1947 Berliner Straße.

Die beiden mächtigen Lichttürme des Warenhauses Karstadt überstrahlten den Hermannplatz und die umliegenden Straßen. Das im Juni 1929 eröffnete Warenhaus steht zwar schon auf Kreuzberger Seite, wird aber stets mit dem Neuköllner Hermannplatz in Verbindung gebracht. Seit dem Ende des Zweiten Weltkrieges strahlen diese Türme nicht mehr.

Gegenüber von Karstadt die Gaststätte „Berliner Kindl" am Hermannplatz 2-3 Anfang der fünfziger Jahre. Heute befindet sich in diesen Räumlichkeiten ein Schnellrestaurant.

In einer Gaststätte an der Pflügerstraße, 1913. Eine Notiz auf der Rückseite des Bildes lautet: „sitzend von links: Herr Borschein-Rosenthal, Herr Benecke, Herr Schrater".

Ein Sommerfest in der „Rixdorfer Mosaik-Colonie" zu Beginn des 20. Jahrhunderts. Einige Jahre später nimmt hier die Mosaikfabrik Puhl & Wagner ihren Betrieb auf. Siehe dazu auch die Seiten 78 und 79 im fünften Kapitel.

Sommerfest der Belegschaft von Puhl & Wagner in den dreißiger Jahren an der Kiefholzstraße.

Noch heute befinden sich zahlreiche Schrebergartenkolonien an der Neuköllner Kiefholzstraße. Hier eine fröhliche Runde von Mitarbeitern der Firma Puhl & Wagner.

Ausgelassene Silvesterfeier in der neu bezogenen Wohnung Anfang der dreißiger Jahre in der Weserstraße 144.

Hier der Hof der Wohnanlage Weserstraße 144 etwa 20 Jahre später in einer Winternacht.

Eine Filiale der berühmten „Aschinger-Restaurantbetriebe". Im Mercedes-Palast an der Hermannstraße befand sich lange Zeit ebenfalls ein Restaurant von Aschinger. Hier das Lokal an der Karl-Marx-Straße/Ecke Boddinstraße, in dessen Räumlichkeiten sich heute eine Bank befindet.

Auf der Rückseite dieses Bildes steht folgender Text: „Neukölln in Adventsstimmung. Zum 1. Adventssonntag haben in diesem Jahre bekannte Neuköllner Firmen besonders in der Hauptgeschäftsstraße, der Karl-Marx-Straße, die immer mehr der Neuköllner Kurfürstendamm wird, einen Weihnachtswald gezaubert, der die vielen Passanten in seinen Bann zieht und mit der Adventsstimmung zum Kauf lockt."

Konzert-Café und Konditorei „Gerber" an der Hasenheide 61 um 1936. Hinter diesem Haus befindet sich bereits der Volkspark Hasenheide mit der katholischen St. Johannes Basilika.

Kleine spontane Feier in einer Wohnung in der Reuterstraße im Jahre 1964.

Abenddämmerung in der Sonnenallee/Ecke Teupitzer Straße. Das 1952 eingeweihte Lux-Kino zeigte zu dieser Zeit den Film „Ferien vom Ich“ mit Rudolf Prack und Marianne Hold. Am 1. Juni 1964 wurde die Teupitzer Straße, der Abschnitt von der Sonnenallee bis zur Niemetzstraße, in Braunschweiger Straße umbenannt. Am gleichen Tag erhielt der Abschnitt zwischen Sonnenallee und Weserstraße den Namen Ederstraße. Dieses mit 531 Sitzplätzen ausgestattete Kino wurde bereits Anfang der sechziger Jahre wieder geschlossen.

Aussicht von einem Fenster des Hauses Hermannstraße 28/Ecke Karlsgartenstraße im Jahre 1957 oder 1958. Die Straßenbahnlinie 27 führte zu dieser Zeit vom Hermannplatz bis nach Alt-Buckow. Im Hintergrund die Albert-Schweitzer-Oberschule, rechts der St.-Jacobi-Kirchhof. Diese Aufnahme entstand nach dem Ausbau der Hermannstraße. Auf Seite 19 oben sind die Bauarbeiten zur Verbreiterung dieser Straße zu sehen.

8

Kleine Verkehrsgeschichte

Schaffner und Verwaltung des Betriebshofs IV der Großen Berliner Pferde-Eisenbahn. Aufnahme vom 25. Juni 1890 auf dem Grundstück an der Erkstraße zwischen Donaustraße und der Kaiser-Friedrich-Straße (heute: Sonnenallee).

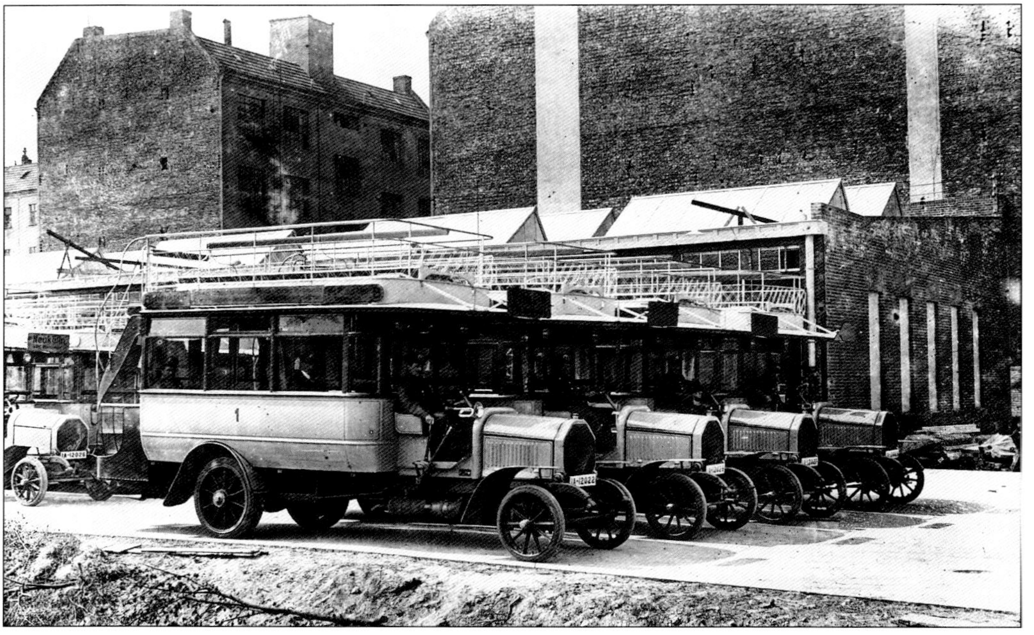

Der Omnibusbahnhof der Hochbahngesellschaft in der Rütlistraße um 1914. Die Hochbahngesellschaft war nicht nur die Betreiberin der Kreuzberger und Schöneberger Hochbahnstrecken sondern unterhielt auch verschiedene Pferde- und Omnibuslinien.

Der am Berliner Südring gelegene Bahnhof Hermannstraße um 1925. Der Südring ist Teil des etwa 36 km langen Eisenbahnringes um die Innenstadtbereiche Berlins. Er wurde in zwei Teilabschnitten eröffnet. Das am 17. Juni 1871 freigegebene östliche Teilstück führte von Schöneberg über Tempelhof, Rixdorf, Stralau, Lichtenberg und Wedding nach Moabit. Das zweite, das westliche Teilstück wurde von Schöneberg über Westend nach Moabit am 15. November 1877 in Betrieb genommen.

Derselbe Bahnhof etwa zehn Jahre später um 1935. Inzwischen hält hier die S-Bahn; diese Abkürzung für die Schnellbahn wurde im Dezember 1930 durch den Verwaltungsrat der Deutschen Reichsbahn (DR) eingeführt. Das Empfangsgebäude an der Hermannstraße ist in den sechziger Jahren durch einen Neubau ersetzt worden. Nach einem Streik bei der DR im September 1980 wurde auch diese Station geschlossen und erst im Dezember 1993 – mit einem neuen Bahnhofsgebäude – wieder eröffnet.

Eine interessante Aufnahme des Bahnhofs der Neukölln-Mittenwalder Eisenbahn an der Brücke der Hermannstraße um 1935. Schräg gegenüber befand sich der auf den vorangegangenen Bildern abgebildete S-Bahnhof Hermannstraße. Die 1899 gegründete und in Privatbesitz betriebene Neukölln-Mittenwalder Eisenbahn (NME) verband und verbindet mit 8,9 km Streckenlänge den Güterbahnhof Neukölln östlich der Hermannstraße mit dem Kraftwerk Rudow am Teltowkanal. Die Strecke der NME endet nach 31 km in Mittenwald. Dieses kleine Bahnhofsgebäude existiert heute nicht mehr; statt dessen befindet sich an dieser Stelle ein Zugang zur U-Bahn-Linie 8.

Der Bahnhof Berlin-Rixdorf ist eine Station vom Bahnhof Hermannstraße entfernt, um 1901. Auf dem Viadukt des Bahnhofs bzw. auf der Brücke ist ein typischer Zug der damaligen Berliner Ring- und Vorortbahn zu sehen. Vor dem Bahnhof war die Endhaltestelle der Straßenbahnlinie II, die zwischen Rixdorf (Ringbahnhof) und Schöneberg (Hauptstraße/Ecke Eisenacher Straße) verkehrte.

Die Brücke, die den Bahnhof Rixdorf (links) mit dem Bahnhof Hermannstraße verbindet, in einer Aufnahme aus dem Jahre 1907. An dieser Stelle hieß die heutige Karl-Marx-Straße Bergstraße. Die Straße wurde später verbreitert, das kleine Haus rechts sowie die Gebäudegruppe im Hintergrund stehen heute nicht mehr.

Beamte und Bahnhofspersonal vor dem Gebäude der Güterabfertigung, um 1910.

7. Mai 1928; der ehemalige Bahnhof Rixdorf heißt bereits seit längerer Zeit Neukölln. Mit der wieder Inbetriebnahme des Südrings im Dezember 1993 konnten im Bahnhof Neukölln einige der sogenannten S-Bahnbögen rekonstruiert werden. Die Fassade wurde bereits in den zwanziger Jahren umgestaltet, nachdem der Bahnhof mit dem U-Bahnnetz verbunden wurde.

Das Pferdedroschken-Fuhrunternehmen von Franz Engelhardt um 1900. Das Unternehmen befand sich in der damaligen Bergstraße 14.

Etwa ein halbes Jahrhundert später, 1948, in der Karl-Marx-Straße. Hier ist Heinrich Geißler, der ehemalige königliche Droschkenkutscher von Berlin, zu sehen. Im Hintergrund das im Krieg teilweise zerstörte Rathaus Neukölln.

Der Neuköllner Schiffahrtskanal im Frühling, Mitte der fünfziger Jahre. Dieser Kanal wurde von 1902 bis 1905 erbaut, um den Landwehrkanal mit dem Teltowkanal zu verbinden. Im Hintergrund rechts ist die Treptower Brücke zu sehen.

Der Kanal mit Blick zum Elsensteg, rechts das Kiehlufer. Der Neuköllner Schiffahrtskanal hat eine Länge von vier Kilometern und steht unter der Verwaltung des Landes Berlin.

Einweihung der U-Bahnverlängerung bis Britz-Süd im November 1959. Auf dem Bahnhof Britz-
-Süd haben sich der damals regierende Bürgermeister von Berlin Willy Brandt, Verkehrsminister
Seebohm sowie die Senatoren Theuner und Schwedler versammelt.

9

Sport, Spiel und Spaß

Hier erhält man einen guten Überblick über einige der Sportanlagen Neuköllns. Zwischen den Bahnanlagen des Südrings, im unteren Drittel des Bildes, bis hin zur Hasenheide, im oberen Teil des Bildes, befanden sich das Stadion Neukölln, das spätere Eisstadion sowie diverse Sportplätze verschiedener Vereine. Links ein Teil der Fläche vom Flughafen Tempelhof. Im Zuge der Erweiterung des Flughafengeländes, vor allem während der Zeit der Luftbrücke, sind einige dieser Sportplätze verschwunden.

Am Südring wurden einige Sportplätze angelegt. Links sind Häuser an der Oderstraße, hinten, parallel zu den Bahngleisen, die Gebäude an der Silbersteinstraße sichtbar.

Festumzug des Berliner Gauturntages im Jahre 1896. Oben das alte Rathaus an der Berliner Straße (heute Karl-Marx-Straße); auf dem freien Gelände links erhebt sich das heutige Rathaus Neukölln.

Wettschwimmen der Schwimm-Union „Quer durch Neukölln“ im Jahre 1921. Das Publikum erwartet die Schwimmer am Neuköllner Schiffahrtskanal. Das Gebäude rechts beherbergt heute das Finanzamt Neukölln-Nord; gegenüber wurde Mitte der neunziger Jahre das „Estrel Hotel“ eröffnet. Im Hintergrund die Brücke der Sonnenallee.

Hier die Schwimmer in Aktion. Eine Zeitlang wurde das Schwimmen aufgrund von Wasserverschmutzungen in Berlins Innenstadtkanälen verboten.

Die Sieger des Wettschwimmens vom 3. August 1919.

Mitglieder vom Volkssport Neukölln, 1930/31, während des Trainings auf dem Sportplatz Sonnenallee gegenüber dem Arbeitsamt Südost, auch „Zur Sonne" oder „Hungerpalast" genannt. In Schwebeposition: Hans Fischer.

Das Sonnenbad des Naturheilvereins Rixdorf in der Canner Chausse, seit 1937 Neuköllnische Allee.

Die Volks-Badeanstalt, auch „Wanne" genannt, war ein privat betriebenes Ausflugslokal mit Kegelbahn, Schießbude und Badeanstalt. 1913 mußte die in der Canner Chaussee gelegene Badeanstalt schließen.

Die Sommerolympiade 1936 ließ auch Neukölln nicht unberührt. Hier ist ein Gemeinschaftsquartier in der Jonasstraße 22 zu sehen. In diesem Haus lebte auch Will Meisel (17. September 1897–29. April 1964), der Komponist und Verleger zahlreicher Operetten und Tonfilmmelodien wie z.B. „Berlin bleibt doch Berlin".

Der Schlafsaal in der Jonasstraße. Die nationalsozialistische Beflaggung darf natürlich auch hier nicht fehlen. Heute befindet sich seit 1991 in diesen Räumlichkeiten die Tanzschule Dieter Keller. In den Jahrzehnten zuvor hieß sie Tanzschule Meisel.

Hier präsentiert sich der Damenturnverein Jahn Neukölln (JN) in einer Sporthalle in der Werbellinstraße um 1940.

Ein Sportfest auf dem Hertzbergplatz um 1910.

50 km Radrennen. Am 11. Juli 1920 ging es um den Großen Rosenpreis von Britz. Sieger wurde Herr Mrocrozek.

10

Über Straßen und Plätze

Trauerzug zu Ehren von Hermann Boddin in der Bergstraße, Juli 1907. Boddin, 1844 in Gransee in der Mark Brandenburg geboren, diente dem Bezirk von 1874 bis 1907. Ohne den Ort zu wechseln machte er eine Karriere vom Ortsvorsteher einer Landgemeinde zum Oberbürgermeister einer Großstadt. In seiner über 30jährigen Amtszeit prägte er wesentlich die Geschicke von Rixdorf bzw. Neukölln. Unter seiner Amtsführung entwickelte sich das ehemalige Magistratsdorf Rixdorf bis 1899 zur kreisfreien Stadt und nahm einen industriellen Aufschwung. Ihm zu Ehren wurden zwei Straßen und ein Platz im Bezirk benannt.

Große Einweihungszeremonie für den Körnerpark 1916. Der rund 3,6 ha große Körnerpark liegt in unmittelbarer Nähe des historischen Dorfkerns von Neukölln. Das Gelände, ursprünglich eine Kiesgrube, hatte der einstige Besitzer Franz Körner in eine Gartenanlage umwandeln lassen, die in den Jahren 1912 bis 1916 entstanden ist. Der Körnerpark wurde am 18. Februar 1983 unter Denkmalschutz gestellt.

Eine Stadt beginnt zu wachsen: Mitte rechts sind noch Reste der Rollberge zu erkennen, im Hintergrund links die Boddinstraße, geradezu das alte Rathaus an der Berliner Straße um 1902.

Etwa 1903 in der Berliner Straße. Mit dem Bau des Rathauses, in seiner Anfangszeit wurde es als Amtshaus bezeichnet, wurde 1878 begonnen. Die Linienführung der damaligen Straßenbahn 15: Moabit, Potsdamer Thor, Hallesches Thor, Rixdorf (Canner Straße). Die Straßenbahnlinie 48 hatte folgende Streckenführung: Schönhauser Allee, Hackescher Markt, Moritz-Platz, Britz (Rudowerstraße).

Blick aus der Richardstraße in die Berliner Straße (heute Karl-Marx-Straße), in einer Aufnahme von 1905. Die Straße zur linken, die damalige Bergstraße, heißt heute ebenfalls Karl-Marx-Straße. Das kleinere Haus in der Bildmitte (Damen Confection) war das damalige Bekleidungshaus Joseph & Co.

Der Boddinplatz um 1910. Entlang des Platzes die Boddinstraße mit der rechts abzweigenden Mainzer Straße. Die Häuserfassaden im Hintergrund sind im großen und ganzen bis heute erhalten.

Ein feierlicher Anlaß, die Grundsteinlegung der Philipp-Melanchthon-Kirche zwischen Kranold- und Hertastraße, am 24. April 1914.

Auf dem Hertzbergplatz: rechts ist das Kriegerdenkmal zu sehen. Eine Zeitlang stand die Säule mit dem Adler auf dem kleinen Platz an der Richard-/Ecke Bergstraße. Wegen Baumaßnahmen ist die Säule auf den Hertzbergplatz umgesetzt worden. Seit Kriegsende gilt sie als verschollen.

Auf dem Hertzbergplatz 1915. Der hier abgebildete Eiserne Ritter stand eine Zeitlang auf dem Hohenzollernplatz, dem heutigen Karl-Marx-Platz. Auch sein Verbleib kann nicht mehr rekonstruiert werden. Die Gebäude im Hintergrund, Stuttgarter Straße 35, beherbergen heute die Eduard-Möricke und Gustav-Schwab-Grundschule sowie die Otto-Suhr-Volkshochschule.

Die Kaiserliche Hauptpost in der Berliner Straße/Ecke Anzengruberstraße, Aufnahme aus dem Jahre 1914.

Etwa 40 Jahre später, im März 1953. Bis auf das Türmchen, das abgetragen wurde, und der heutige Haupteingang, der sich jetzt an der Karl-Marx/Ecke Anzengruberstraße befindet, ist das Haus erhalten geblieben.

Wohnhaus in der Münchener Straße 28,
heute Flughafenstraße 53 im Jahre 1909.

Einweihung des Geyger-Brunnens im Schulenburgpark in den dreißiger Jahren.

Die Apollo-Lichtspiele in der Bergstraße 64 um 1923. Dieses Kino galt als eines der ältesten in Neukölln.

Die Maxim-Lichtspiele an der Sonnenallee in den fünfziger Jahren. Dieses Kino mit seinen 689 Plätzen galt seinerzeit als das modernste in Neukölln. Anfang der siebziger Jahren geschlossen, beherbergt es heute ein Lebensmittelgeschäft.

Das ausgebrannte Rathaus nach Kriegsende. Am Tage des Einzugs der Roten Armee ließ ein Nazi-Kreisleiter das Rathaus in Brand stecken. Im Vordergrund sind die Trümmer des alten Rixdorfer Rathauses zu sehen, welches einige Jahre nach Kriegsende vollständig abgerissen wurde.

Beseitigung der Trümmer und Vorbereitung zum Wiederaufbau des Rathauses Neukölln. Hier auf dem Rathaushof an der Erkstraße 1949.

13. Januar 1950. Unter großer Anteilnahme der Bevölkerung wurde der Grundstein des Erweiterungsbaus des Rathauses gelegt. Bereits am 18. November desselben Jahres konnte der Anbau eingeweiht werden.

Der 600. Geburtstag von Rixdorf-Neukölln. Circus Roland gratuliert mit einigen gewichtigen Hauptdarstellern am Rathaus.

Die vom Architekten und Stadtbaurat Reinhold Kiehl entworfene Turmfigur „Die Glücksgöttin“ wurde Anfang der fünfziger Jahre auf den 67 m hohen, wiederhergestellten Rathausturm gezogen. Es ging wieder aufwärts, doch das Glück hing am seidenen Faden …

Bibliographie

Bezirksamt Neukölln zu Berlin (Hrsg.):	600 Jahre von Richardsdorf bis Neukölln. Bearbeitet von Karl E. Rimbach, Verlag Heimat und Werk, Berlin 1960
Bremmert, Margot:	Mit Kohldampf auf den Trümmerberg. Felgentreff + Goebel, Berlin BA 1990
Emil-Fischer-Heimatmuseum:	Zur Ausstellung Nahaufnahme Neukölln. Kinos, Kameras, Kopiermaschinen. Argon Verlag, Berlin 1990
Escher, Felix: Neukölln. Reihe:	Geschichte der Berliner Verwaltungsbezirke, Band 3. Colloquium Verlag, Berlin 1988
Girra, Dagmar und Silvia Lais:	Wegweiser zu Berlins Straßennamen – Neukölln. Edition Luisenstadt, Berlin 1995
Moos, Ludwig (Hrsg.) (Zitty?):	Anders Reisen BERLIN. Rowohlt Taschenbuch Verlag GmbH, Reinbek bei Hamburg 1986
Motel, Manfred:	Das Böhmische Dorf in Berlin. Hrsg. Freunde Neuköllns e. V., Verlag Günter Darge, Berlin 1983
Neuköllner Kulturverein (Hrsg.):	SAND IM GETRIEBE Neuköllner Geschichte(n). Edition Hentrich, Berlin 1990
Presse- und Informationsamt des Landes Berlin:	Berlin Handbuch Das Lexikon der Bundeshauptstadt. FAB Verlag, Berlin 1992
Vierck, Henning (Hrsg.):	Der Comenius-Garten. Edition Hentrich, Berlin 1992
Voß, Karl:	Reiseführer für Literaturfreunde Berlin. Vom Alex bis zum Ku'damm, Verlag Ullstein GmbH, Frankfurt/ M.–Berlin–Wien 1980
Werkstatt der Kulturen Berlin (Hrsg.):	Brau- und Baugeschichten der Brauerei Wissmannstraße. Autorin: Czepa, Marita, DARGE Verlags- & Mediengesellschaft mbH, Berlin 1993

Bildnachweise

Öffentliche Archive	
Bildarchiv Preußischer Kulturbesitz:	S. 21, 51 u., 57, 58 o., 65, 67, 68 o., 92
Heimatmuseum Neukölln:	S. 9–10, 12 u., 13, 14 o., 16–17, 18 u., 19, 20 o., 24, 26 o., 28, 51 o., 58 u., 59, 60 o., 62 u., 63 o., 64 u., 66, 73, 78–79, 89–91, 94–95, 97, 98 o., 99–106, 108–114, 115 u., 116–121, 123–127
Behörden, Institutionen und Betriebe	
Berliner Kindl AG:	S. 26 u., 27, 64 o., 68 u., 69–72, 86–88
Chronos Film GmbH:	S. 15
Museum für Post und Kommunikation:	S. 4, 61, 62 o., 122
Karstadt AG:	S. 2, 11, 12 o., 22, 83–85, 93 o.
Private Sammlungen	
Gerhard Brückner:	S. 43 o.
Familie Gedan-Gollnick:	S. 76 u., 77
Familie Hoeck:	S. 14 u., 75, 93 u.
Manfred Motel:	S. 20 u., 29–42, 43 u., 48 o., 49–50, 52–56, 60 u.
Manfred Musiol:	S. 18 o., 25, 76 o., 80 o., 96, 107, 115 o.
Familie Schöne:	S. 63 u., 74
Falk-R. Wünsch:	S. 23, 80 u., 81–82, 98 u.
Wolfgang Zoufall (Familienarchiv):	S. 48 u.